L'AVEN
LA CITE
ENGLOUTIE

Martin Oliver

Illustrations Brenda Haw

Réalisation Kim Blundell et Karen Dolby

Traduction de Renée Chaspoul

Collection dirigée par Gaby Waters

Table des matières

Une histoire pas comme les autres

L'Aventure de la Cité Engloutie est une histoire passionnante qui t'emmène naviguer sur les mers et explorer les fonds marins.

Tout au long de l'histoire tu trouveras des énigmes et des problèmes plus ou moins ardus, qu'il te faudra résoudre pour comprendre l'épisode suivant et continuer l'histoire.

Cherche les indices et les détails importants. Quelquefois il faudra que tu reviennes en arrière pour deviner la solution. Tu trouveras des indices supplémentaires à la page 43 et la réponse aux énigmes aux pages 44 à 48.

L'aventure de Marc et Julie commença le jour où leur oncle Jean, le célèbre océanographe . . .

A la rencontre d'oncle Jean

Marc et Julie arrivèrent sur la plage, il y avait beaucoup de monde. Julie scruta l'horizon. Où était oncle Jean?

Ils entendirent au loin un bruit de moteur et virent leur oncle qui s'approchait du rivage à bord d'un canot.

Jean débarqua, leur fit signe et, traversant la plage, il les conduisit bien vite jusqu'à sa maison.

"Content de vous voir," dit-il en vidant son sac. "J'ai des choses étonnantes à vous montrer."

"Elles proviennent du Dauphin," dit-il, tandis que les deux autres regardaient les objets hétéroclites.

"Depuis que j'ai découvert l'épave, je n'ai pas arrêté," dit Jean en les menant dehors.

"Ces trouvailles m'aideront à résoudre un mystère qui intrigue depuis des années."

Julie et Marc écoutaient . . .

"Je vous explique," dit-il, quand soudain . . .

Ils se précipitèrent à l'intérieur. Les volets étaient grands ouverts et les objets en provenance du Dauphin éparpillés sur le sol.

"C'est le vent," dit Marc.

Mais ce n'était pas le vent qui avait causé ce désordre. Julie était sûre qu'il manquait quelque chose.

Que manque-t-il?

La chasse aux papiers

Ils sortirent pour chercher des indices. Marc remarqua des empreintes et une silhouette qui s'enfuyait sur la plage.

Ils partirent à sa poursuite. Julie cria mais le voleur accéléra sa course. Marc et Julie coururent plus vite, ils le rattrapaient.

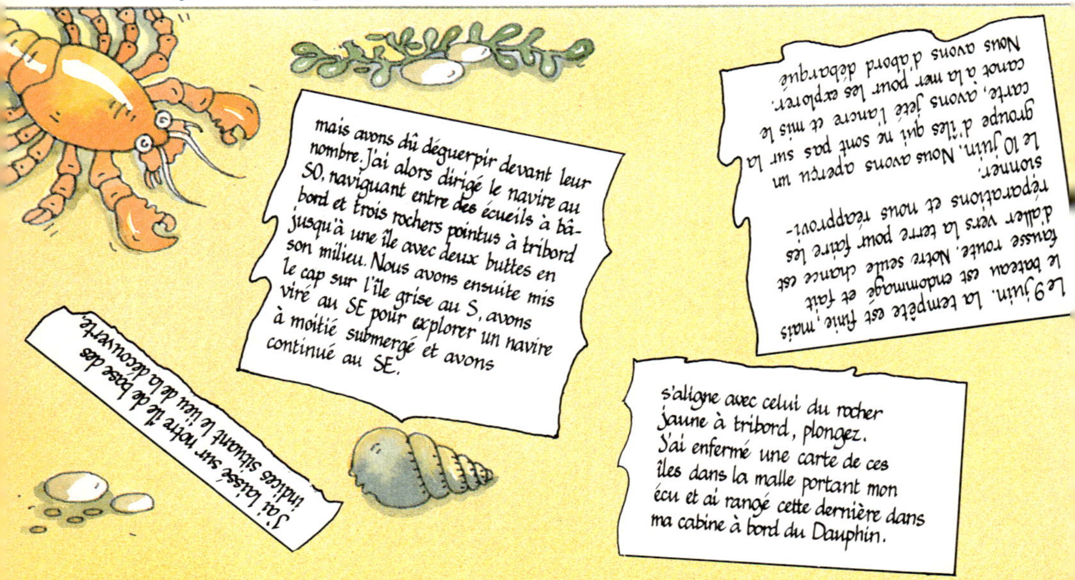

"Qui c'était?" dit Marc essoufflé en se relevant.

"Et pourquoi a-t-il volé le journal de Da Silva? demanda Julie. Peut-être Jean le saura-t-il?"

Celui-ci arriva en haletant. En guise de réponse il secoua la tête, luttant pour reprendre haleine. Puis il montra quelques bouts de papier sur le sable.

Le voleur entra dans l'eau et sauta à bord d'un canot, dont le moteur vrombit aussitôt.

Marc effectua un plongeon désespéré, mais trop tard! Julie et lui assistèrent impuissants au départ du bateau vers le large.

"Ils sont tombés de la main du voleur lorsque vous l'avez poursuivi, dit-il. Si nous arrivons à les assembler, peut-être nous aideront-ils à découvrir ce qu'il cherchait."

Marc et Julie ramassèrent les morceaux, qui étaient recouverts d'une écriture démodée.

Que disent les bouts de papier?

Explications

Les deux jeunes gens se tournèrent vers leur oncle, la tête pleine de questions. Mais avant qu'ils aient pu dire quoi que ce soit, Jean les poussa dans le canot.

"Une carte . . . une carte dans une malle," murmura-t-il en relisant les fragments du journal de Da Silva. "Peut-être y est-elle toujours? Nous devons fouiller l'épave."

"Attends une minute, l'interrompit Julie, que se passe-t-il?"

Jean sourit et passa la barre à Marc. Ils s'éloignèrent du rivage et il leur expliqua tout . . .

Lorsqu'il rentrait de ses voyages, Da Silva parlait des étranges animaux et des pays qu'il avait vus. Plus il allait loin, plus ses histoires devenaient extravagantes, et finalement plus personne ne le crut.

L'histoire la plus incroyable de Da Silva était celle de sa découverte d'une fabuleuse cité engloutie. Il prétendait que c'était la cité mythique de Mare Vellos.

D'après la légende, Mare Vellos était la ville jumelle de Phabulos. Ces deux cités avaient été fondées par le célèbre héros Ramus et se partageaient son emblème, le lion. Mais Mare Vellos, toute d'or et de marbre, surpassa bientôt sa jumelle en richesse et en puissance.

Sa renommée s'accrut jusqu'à ce qu'un raz de marée engloutît la ville lors d'un tremblement de terre, dit la légende.

Comme personne ne croyait son histoire, Da Silva partit avec son bateau pour ramener une preuve de l'existence de la cité, mais il ne revint jamais. Le Dauphin fut pris dans une tempête et sombra sans laisser de trace.

Si Da Silva trouva une preuve, elle disparut avec lui. Depuis, nombreux sont ceux qui ont cherché la ville, mais en vain. Il y a des années qu'on a découvert les ruines de Phabulos, mais jusqu'à présent on a considéré l'histoire de Da Silva comme un canular . . .

Le Gai Luron

Ils s'approchaient d'un gros bateau rouge et Jean coupa le moteur. Marc saisit l'échelle et ils montèrent à bord.

"C'est moi qui ai tout loué," dit fièrement Jean alors que les deux autres regardaient l'équipement de plongée vétuste et l'équipage plutôt bizarre.

"Préparez-vous à plonger," dit Jean tout excité. "Mais je ne peux en emmener qu'un, nous manquons de bouteilles et d'un plongeur expérimenté."

Marc et Julie étaient déçus. Ils avaient tous deux envie d'explorer l'épave. Julie regarda les fiches de plongée de Jean.

En écoutant parler l'équipage, elle comprit qu'elle et Marc pourraient tous deux plonger et elle sut avec qui.

Avec qui peuvent-ils plonger? Et les bouteilles d'oxygène?

MENU DU BATEAU
SOUPE DE POISSON
ALGUES
SOUFFLÉ
INFORMATIONS DE PLONGÉE
TOUJOURS PLONGER PAR DEUX
UNE PLONGÉE QUOTIDIENNE PAR PERSONNE
UNE BOUTEILLE D'OXYGÈNE PAR PLONGEUR
POUR LES SIGNAUX VOIR LE TABLEAU
LUC PIÉMARIN - capitaine - ex-chercheur de perles - n'a jamais utilisé l'oxygène
LOU PELAPA - manoeuvre le treuil - ne sait pas nager
MIC ROBE - matelot et plongeur - à l'infirmerie
G. LAFRITE - chef cuisinier - nageur débutant
JULIE - plongeuse expérimentée
MARC - plongeur expérimenté
ALAIN TRIMEDUR - matelot - plonge aujourd'hui - revient à 11 h 30
JULES SEXTANT - opérateur radio - apprend à nager
MICHELLE SILVAT - ingénieur - à sa 3e expédition sous-marine
MME TRÈCUI - aide-cuisinière - plonge avec Alain
LOU TILLE - expert en équipement - ne sait pas nager
LE PROFESSEUR JEAN - plongeur expérimenté et océanographe
VITE REMONTER
CONTINUER À NAGER
DESCENDRE
OK
REMONTER
REGARDER
DANGER
À GAUCHE
À DROITE
TOUT DROIT
À L'AIDE
SE METTRE PAR DEUX
ATTENDRE
ME SUIVRE
STOP
CONTINUER
SIGNAUX © Professeur Jean
Oui, et pas de méduses!
La visibilité est bonne ici.
PLEINES
LE GAI LURON

Plongée sous-marine

Tenant son masque, Julie sauta de l'échelle. Elle fut entourée de bulles d'air. Essayant de se souvenir de ses leçons de plongée, elle accomplit toutes les vérifications d'usage.

Puis elle descendit lentement rejoindre les autres. Ils franchirent un banc de vase et furent entourés de poissons argentés. Se faufilant à travers les algues, Marc émit soudain un chapelet de bulles. Devant eux se trouvait le Dauphin.

Le bateau était brisé en deux et couvert d'algues et de coquillages. Michelle entreprit d'explorer la coque. Marc examina soigneusement les lieux et il l'aperçut . . . Juste ce qu'ils cherchaient!

Qu'a vu Marc?

MONTÉE
DESCENTE
RHUM
DS
BW
BC

La malle du capitaine

Jean nota sur son plan l'emplacement de la malle et les autres y attachèrent une bouée. Elle remonta doucement tandis que les quatre plongeurs nageaient vers la surface.

Ballottés par la houle, ils grimpèrent enfin sur le pont du bateau. Marc enleva son masque et regarda tout excité l'équipage hisser la malle à bord.

C'était celle de Da Silva, mais sa carte était-elle dedans? Jean essaya de l'ouvrir avec son passe-partout et tira sur le couvercle, mais en vain.

Il était coincé. Jean fit une nouvelle tentative, cette fois aidé par Julie. Ils tirèrent de toutes leurs forces. Soudain le couvercle céda et ils tombèrent à la renverse.

Marc examina l'intérieur du coffre, s'attendant à moitié à y trouver un vieux trésor. Mais il était vide, à l'exception d'une odeur de moisi et d'un rouleau de papier. Jean l'étudia avec attention. C'était la carte de Da Silva.

"Voici les îles Sardoniques, seulement à deux jours de mer d'ici, dit-il. Notre prochaine étape est de savoir quelle île Da Silva choisit pour base."

Où était la base de Da Silva?

Un message mystérieux

Deux jours plus tard, Marc et Julie étaient de premier quart avec Jean. Le jour pointait et l'équipage dormait.

"Soyez vigilants, dit Jean, on devrait apercevoir l'île à tout moment."

Les deux jeunes gens scrutèrent l'horizon. Marc entendit soudain un bourdonnement suivi d'un craquement dans la salle de radio.

"Personne ne devrait se servir de la radio en ce moment, dit-il. Allons voir."

Suivi de Julie, Marc se dirigea vers la salle de radio sur la pointe des pieds, essayant de ne pas faire de bruit.

BOUM. Il marcha sur un savon, glissa le long du pont et heurta un seau et un balai.

Tandis que Julie l'aidait à se relever, Marc crut apercevoir une ombre qui courait vers le quartier de l'équipage.

Mais avant qu'il ait pu prononcer un mot, Julie lui fit signe de se taire et indiqua la salle de radio. Un rai de lumière filtrait par la porte entrouverte.

Ils poussèrent la porte et jetèrent un coup d'oeil prudent à l'intérieur. La pièce était vide mais le récepteur de la radio était branché. Qui s'en était servi?

Julie remarqua que l'on avait arraché la première page du carnet de l'opérateur.

Marc eut une idée. Celui qui avait reçu le message devait l'avoir inscrit sur le carnet. Il passa sur le dessus de la feuille avec un crayon. Un message apparut, mais il était codé.

Essaie de deviner ce que dit le message.

Terre!

C'est alors que retentit le cri de Jean: "Terre!" Marc et Julie se précipitèrent sur le pont. Ils étaient arrivés à destination – l'île de Da Silva.

On donna des ordres et l'équipage s'affaira sur les ponts. Ils mirent à l'eau un ensemble bizarre de petits bateaux et partirent vers l'île.

Jean monta dans un bateau avec Marc et Julie. Tout en ramant, Julie lui parla du message codé. Qui l'avait envoyé? Etait-ce la même personne qui avait volé le journal?

Cet ennemi voulait les empêcher de fouiller un certain endroit sur l'île. Il avait décrit ce lieu avec une charade, mais où se trouvait-il?

Où se trouve l'endroit?

La randonnée sur l'île

Ils atteignirent le rivage et Jean pensa à l'équipage, affairé à monter le camp. Il y avait un espion parmi eux, mais qui?

C'était le moment de se rendre au moulin, avant que l'espion remarque leur départ. Ils prirent une piste poussiéreuse et gravirent une pente abrupte.

La plage fut bientôt loin derrière eux, ils filaient vers l'inconnu. Ils escaladèrent la colline entre les rochers pointus et les buissons épineux. Julie prit un tournant . . .

Ils se retrouvèrent dans une sorte d'arène. La route du moulin était bloquée par un grand amphithéâtre semi-circulaire qui se dressait droit devant eux.

Des rangées de sièges avaient été sculptées dans l'escarpement. Certains s'étaient effrités, laissant la roche à nu. Il n'y avait aucun moyen de contourner l'obstacle.

"Nous allons devoir faire demi-tour, grommela Jean, à moins de trouver un chemin, une marche après l'autre."

Comment arriver jusqu'en haut?

Le code des couleurs

Ils atteignirent enfin le moulin. Malgré la chaleur, Marc frissonna. Il avait l'impression qu'on les observait. Jean regarda un mur, écarquilla les yeux et se mit à fouiller frénétiquement son sac à dos.

"C'est incroyable," s'écria-t-il en sortant sa loupe, "j'ai trouvé le message de Da Silva."

Marc s'agenouilla près de Jean et ils examinèrent le mur. Ils distinguaient nettement des mots qui avaient été gravés dans la pierre. Ils les lurent à haute voix, mais les mots n'avaient aucun sens.

"Je suis sûre que c'est la clé pour décoder le message de Da Silva, dit Julie. Nous n'avons plus qu'à le trouver."

Ils se séparèrent et entreprirent leurs recherches alentour. Ils regardèrent dans le moulin, derrière les colonnes et même sous les pierres, mais en vain. Jean s'assit, maussade. La piste n'avait mené nulle part.

Soudain une brusque rafale de vent souffla sur le moulin. Les ailes se mirent en mouvement. Marc leva les yeux et aperçut des mots peints dessus.

Que dit le message?

Jean mène l'enquête

D'autres indices! Marc grommela tandis que Julie examinait encore une fois le message. Il avait quelque chose de bizarre, mais Jean ne semblait pas s'en préoccuper.

"Je vais chercher les indices pendant que vous revérifierez la carte et les bouts de journal," dit-il en les leur tendant. "Restez ici et attendez-moi, je ne serai pas long."

Marc et Julie regardèrent la carte, mais il faisait trop chaud. Ils s'affalèrent à l'ombre fraîche pour faire un somme.

Pendant ce temps, Jean grattait les pierres des ruines, enlevant la poussière et étudiant avec attention la mosaïque qu'il avait mise au jour.

Marc s'éveilla en sursaut, il avait très soif. Il allait boire une gorgée d'eau à la bouteille quand il sentit quelque chose lui chatouiller la jambe. Il poussa un hurlement . . .

Jean cherchait toujours des indices lorsqu'il repéra une tête en marbre. C'était Ramus, le fondateur de Mare Vellos. Doucement il dégagea la tête du mur. Puis tout devint noir . . .

Marc et Julie secouaient les fourmis lorsqu'ils entendirent un bruit et un cri étouffé. Etait-il arrivé quelque chose à Jean? Ramassant leurs sacs, ils se précipitèrent vers les ruines.

Soudain Julie s'arrêta net. Elle voyait quelque chose qu'elle reconnaissait. Jean avait des ennuis!

Qu'a vu Julie?

A la recherche d'oncle Jean

Julie et Marc se regardèrent avec horreur. Où était Jean? Ils suivirent les empreintes jusqu'au bord d'une falaise et regardèrent en bas. Les traces continuaient le long de la paroi.

"Allons-y," souffla Marc, qui essayait de ne pas regarder en bas.

Ils glissèrent le long de la pente raide, esquivant des chardons épineux et traversant un essaim de frelons. Julie faillit marcher sur un scorpion et Marc trébucha, déclenchant une avalanche de pierres. Mais ils arrivèrent enfin en bas sains et saufs.

Marc scruta la baie et se baissa lorsqu'il vit ce que lui montrait Julie.

Oncle Jean! Un type à la mine inquiétante était en train de le hisser sur un bateau.

"Nous devons monter à bord pour savoir ce qui se passe," dit Julie.

Comment? S'ils traversaient la baie à la nage, on les verrait. Mais ils pouvaient atteindre l'arrière du bateau par le haut de la falaise sans qu'on les remarque.

Comment monter sur le bateau?

Le mystère s'épaissit

Sautant de rocher en rocher, Marc et Julie se hissèrent en silence sur le bateau. Ils passèrent devant une sentinelle endormie et regardèrent par un hublot.

"Ce doit être le bandit qui est derrière tout ça," dit Julie en voyant la haute silhouette qui menaçait Jean.

"Il s'appelle Dr Schwindler," dit Marc en montrant un passeport parmi les quelques papiers étalés sur la table.

Il examina les photos et les feuilles de papier. Il était clair à présent pourquoi Schwindler s'intéressait tant à trouver la cité engloutie de Da Silva.

On frappa à la porte de la cabine. Schwindler ramassa vite ses plans et les enferma dans un tiroir, laissant à découvert des fragments du journal de Da Silva.

Stupéfaits, Marc et Julie virent entrer une silhouette familière . . . Michelle Silvat! C'était elle, l'espionne parmi l'équipage.

Schwindler revint à Jean, essayant de le forcer à révéler l'emplacement de la cité.

"Je sais où elle est," murmura Marc en lisant les bouts de journal de Schwindler, "mais d'abord nous devons sauver Jean."

Où doivent-ils plonger?

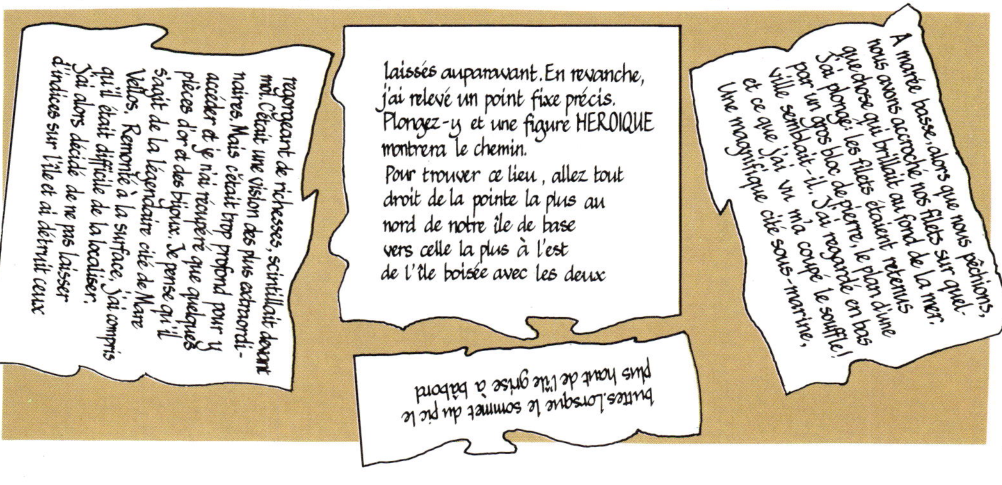

Prisonniers!

Constatant qu'il n'arriverait à rien avec Jean, Schwindler sortit de la cabine avec Michelle. Dès leur départ, Marc se faufila à travers le hublot. Il atterrit avec un bruit sourd dans la cabine.

Ils retinrent tous leur respiration. Le bateau était silencieux. Personne n'avait entendu. Julie le suivit et courut vers Jean.

"Que je suis content de vous voir!" murmura Jean, tandis que Julie essayait de le détacher du mur. "Nous devons sortir d'ici et arrêter ces malfaiteurs."

La dernière corde tomba. Jean s'étira, mais Julie s'arrêta net. Des pas s'approchaient. Ils se précipitèrent vers le hublot pour s'échapper. Mais il était trop tard.

La porte de la cabine s'ouvrit et ils se retrouvèrent face à face avec Schwindler et ses acolytes.

"Bienvenue à bord, dit-il. Maintenant, vous ne pouvez plus vous en sortir."

Le docteur ordonna à son assistant de les attacher, puis il vida leurs sacs. Voyant la carte et les bouts de papier, il les saisit avec triomphe.

"Ah! La cité engloutie est à moi! ricana-t-il. N'essayez pas de vous enfuir. Michelle va vous surveiller pendant que je chercherai le trésor."

Schwindler et son complice claquèrent la porte. Marc réfléchit. Ils devaient s'échapper et déjouer le plan du docteur. Mais comment? Si seulement Michelle ne croyait pas que c'étaient eux les escrocs!

Marc se rappela soudain qu'il y avait une preuve de la malhonnêteté de Schwindler. S'ils pouvaient s'en emparer . . .

Quelle est la preuve?
Comment peuvent-ils l'obtenir?

La course contre la montre

Michelle lut les plans de Schwindler et fut aussitôt convaincue. Elle libéra les autres et les mena à travers le bateau désert jusqu'au canot.

Ils arrivèrent bientôt au Gai Luron et montèrent à bord. Il leur fallait maintenant devancer Schwindler. Michelle mit les moteurs en route. Suivant les instructions de Da Silva, Marc et Julie cherchèrent le rocher jaune et le pic gris pendant que Jean manoeuvrait tout droit vers le point de plongée.

Ils s'équipèrent en un temps record et Michelle, Jean et Marc plongèrent. Julie guettait l'apparition de Schwindler. Elle prit une fusée éclairante et chuchota un plan au capitaine.

Elle descendit l'échelle et s'apprêtait à plonger lorsque Michelle surgit de l'eau.

"Il y a une mine-ventouse fixée à la coque, dit-elle, et elle explosera dans quatre minutes."

"C'est Schwindler qui l'a conçue, cria-t-elle. La somme des nombres de chaque rangée, de chaque colonne et de chaque diagonale est de 34. Les boutons sont numérotés de 1 à 16, mais certains chiffres sont effacés. Pour désamorcer la bombe, il faut appuyer sur le 13. Mais d'abord il faut le trouver."

Elles plongèrent pour rejoindre les autres affairés à la bombe. Voyant l'heure, Julie réfléchit. Il ne leur restait plus beaucoup de temps.

Sur quel bouton appuyer?

De quel côté?

Michelle désamorça la bombe quelques secondes avant l'explosion. Il s'en était fallu de peu . . . A présent, ils devaient reprendre leurs recherches.

Jean en tête, ils s'enfoncèrent dans l'eau. Des algues flottaient dans le courant et des anguilles surgissaient des fissures des récifs de corail.

Michelle vit soudain un objet rond au fond de l'eau. Elle le ramassa . . . C'était une tête d'homme, en fait le fragment d'une statue de marbre.

S'approchant, Jean examina la trouvaille. Il reconnut le visage de Ramus et remarqua que le socle de la statue était solidement enfoncé dans le sol marin. En un éclair il comprit ce que signifiait l'indice de Da Silva ''un personnage HEROIQUE montrera le chemin''. Il fit signe de chercher d'autres morceaux.

S'ils pouvaient reconstituer la statue de Ramus, elle leur indiquerait la cité.

Dans quelle direction doivent-ils nager?

Une bonne surprise

Ils nagèrent dans la direction que montrait la statue. Le fond de la mer s'ouvrit sur une fosse . . . Les ruines d'une ancienne ville brillaient en contrebas. Il y avait de grands bâtiments en marbre et des colonnes scintillantes. Ils avaient découvert la cité engloutie. Marc était fou de joie, mais le temps pressait.

Ils devaient d'abord arrêter Schwindler. Ils savaient qu'il cherchait la Trésorerie, mais où était-ce? Jean trouva le plan de pierre de la ville dont avait parlé Da Silva. Enlevant les algues, il l'examina. Il trouva bientôt la Trésorerie sur le plan.

Quel est le bâtiment du Trésor?

Des signaux sous-marins

Luttant contre le courant, ils traversèrent les rues de la cité en ruine pour aller jusqu'au trésor. Michelle et Marc étaient en tête, passant sous des arches et contournant des colonnes pour trouver une entrée.

Julie aperçut une coupe en or à moitié ensevelie dans le sable. Elle tendit la main et sentit quelque chose s'enrouler à son poignet et tirer. Un tentacule de pieuvre!

Julie se secoua dans tous les sens pour échapper à l'étreinte qui la serrait comme un étau. Elle tira violemment. L'eau devint bleu noir et le tentacule lâcha prise. Lorsque l'eau redevint claire, Julie aperçut le monstre avec lequel elle s'était battue.

Un peu ébranlée, elle franchit une arche de marbre pour rejoindre les autres. Alors qu'ils nageaient devant le bâtiment du trésor, une anguille électrique glissa tout près, effleurant Jean.

Marc sentit une main sur son bras. Michelle lui montra Jean qui agitait frénétiquement les mains dans leur direction. Pourquoi? Avait-il des ennuis? L'anguille l'avait-elle piqué?

Marc comprit soudain ce que faisait Jean. Il employait son langage de signaux sous-marins, mais qu'essayait-il de leur dire? Jean répéta lentement les signaux.

Que leur dit oncle Jean?

Un plan désespéré

Ils aperçurent tout de suite le danger. Un mini sous-marin s'avançait au milieu de la cité submergée . . . Schwindler aux commandes.

Celui-ci remarqua alors les plongeurs. Avec un ricanement de colère, il lança son engin sur eux. Il ne leur restait plus qu'à se sauver . . . à la nage!

Ils traversèrent la ville, Schwindler "à leurs palmes". Julie aperçut un récif de corail dont l'entrée formait une voûte. Elle échafauda un plan désespéré.

Elle indiqua aux autres de s'engouffrer dans la voûte, Schwindler les suivant de près. Il y eut un crissement, le sous-marin était coincé!

Tandis que Schwindler tentait de reculer pour se libérer, Julie envoya la fusée éclairante.

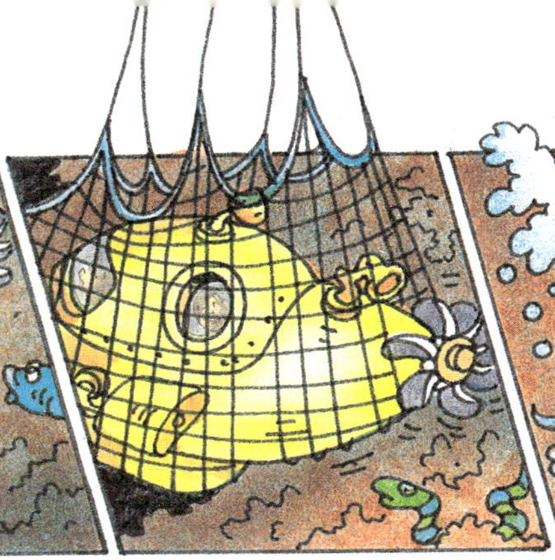

Le Gai Luron descendit un filet d'acier. Se dégageant de la voûte, Schwindler tomba dans le piège.

Il lâcha du lest pour tenter de s'échapper; l'eau bouillonna et se remplit d'algues.

Lorsque l'eau s'éclaircit, Jean, Michelle, Marc et Julie assistèrent à la remontée du sous-marin avec à son bord le bandit impuissant et son équipage.

Alors qu'elle vérifiait son oxygène, Julie remarqua quelque chose qui n'était pas visible auparavant.

Qu'a remarqué Julie?

Dans la salle du trône

Les quatre plongeurs traversèrent l'eau claire pour aller explorer le bâtiment couvert d'algues. Franchissant l'entrée, ils aperçurent une salle magnifique. Ils se trouvaient dans la salle même du trône de la cité engloutie.

Jean était sûr qu'il s'agissait de Mare Vellos, mais il lui fallait une preuve. Et Da Silva? Avait-il vraiment découvert la ville toutes ces années auparavant? Jean aperçut soudain ce qu'il cherchait.

Qu'a vu Jean?

Indices

Pages 4–5

C'est facile. Sers-toi de tes yeux.

Pages 6–7

Trace les morceaux de papier puis assemble-les.

Pages 10–11

Regarde bien la liste de l'équipage de Jean. Que disent les différents membres?

Pages 12–13

Tu peux voir l'écu de Da Silva à la page 8.

Pages 14–15

Bâbord est à gauche, tribord à droite.

Pages 16–17

Essaie de penser à l'envers.

Pages 18–19

Réfléchis, ce n'est pas difficile.

Pages 20–21

Ils peuvent sauter par-dessus les espaces entre les rangées de sièges.

Pages 22–23

Ecris l'alphabet puis remplace A par M, B par N, C par O et ainsi de suite jusqu'à ce que O soit remplacé par A et Z par L.

Pages 24–25

Regarde bien le sol.

Pages 26–27

Attention aux lianes qui portent des serpents.

Pages 28–29

Assemble ces morceaux avec ceux des pages 6 et 7. Puis vérifie la carte de la page 15.

Pages 30–31

Où se trouvent les plans de Schwindler?

Pages 32–33

Additionne chaque colonne. Aucun nombre n'est répété.

Pages 34–35

C'est facile. Cherche tous les fragments de la statue et assemble-les.

Pages 36–37

Compare la forme des bâtiments de la ville avec le plan.

Pages 38–39

Regarde les signaux sous-marins de Jean à la page 11.

Pages 40–41

Ouvre grands les yeux.

Page 42

Retourne aux pages 8 et 9.

Réponses

Pages 4–5

Voici le document qui a disparu de la pièce.

Pages 6–7

Voici le document lorsqu'on a assemblé les morceaux. Il n'est pas complet car le voleur a dérobé le reste.

Le 9 juin. La tempête est finie, mais le bateau est endommagé et fait fausse route. Notre seule chance est d'aller vers la terre pour faire les réparations et nous réapprovisionner.
Le 10 juin. Nous avons aperçu un groupe d'îles qui ne sont pas sur la carte, avons jeté l'ancre et mis le canot à la mer pour les explorer. Nous avons d'abord débarqué

sur une île en forme de crâne, mais il n'y avait ni eau ni nourriture et nous avons donc ramé vers le SE jusqu'à une île plate et boisée. N'y trouvant pas d'eau, nous avons continué à bâbord, passant devant des algues nauséabondes, vers une île rocailleuse située à l'E. A notre arrivée, des milliers de crabes rouges nous ont attaqués. Nous en avons rôti quelques-uns,

mais avons dû déguerpir devant leur nombre. J'ai alors dirigé le navire au SO, naviguant entre des écueils à bâbord et trois rochers pointus à tribord jusqu'à une île avec deux buttes en son milieu. Nous avons ensuite mis le cap sur l'île grise au S, avons viré au SE pour explorer un navire à moitié submergé et avons continué au SE.

Nous avons débarqué sur la première île sur notre route et trouvé de l'eau fraîche et du gibier. Là nous avons amarré le Dauphin.
Le 11 juin. Il faudra des mois pour réparer la coque. L'équipage a commencé à construire des huttes, un moulin et un poste de guet…
Le 20 août. Une journée extraordinaire! J'ai fait une découverte des plus étonnantes.

J'ai laissé sur notre île de base des indices situant le lieu de la découverte.

Les morceaux volés du journal vont ici.

s'aligne avec celui du rocher jaune à tribord, plongez.
J'ai enfermé une carte de ces îles dans la malle portant mon écu et ai rangé cette dernière dans ma cabine à bord du Dauphin.

Pages 10-11

Ils peuvent plonger avec l'ingénieur, Michelle Silvat. C'est le seul autre plongeur expérimenté de l'équipage qui peut plonger ce jour-là.

La feuille d'informations de Jean indique qu'ils ont chacun besoin d'une bouteille d'oxygène par plongée. Les quatre bouteilles pleines sont entourées de noir sur l'image.

Pages 12–13

Marc a aperçu la malle qui porte l'écu de Da Silva.

La malle de Da Silva

Pages 14–15

La route de Da Silva jusqu'à son île de point de départ est décrite dans le journal. Elle est tracée ici en noir.

Voici l'île d'où part Da Silva.

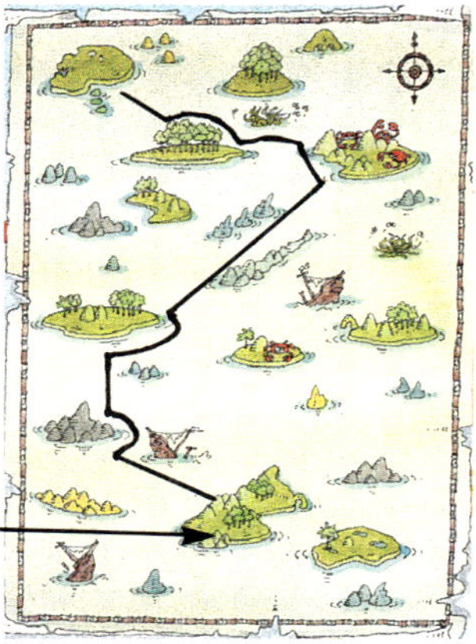

Pages 16–17

Le message est écrit en commençant par la fin et les espaces entre les mots ne sont pas bons. Voici le message avec sa ponctuation:

Jean et les deux moutards ne doivent en aucun cas faire des recherches là où "mon premier n'est pas dur, mon deuxième est du tissu et mon tout permet de moudre le grain." Autrement ils trouveront un message important et les indices cachés par Da Silva.

Pages 18–19

L'endroit sur l'île est décrit à l'aide d'une charade, dont voici la réponse:

Mon premier n'est pas dur: **mou**.
Mon deuxième est du tissu: **lin**
Mon tout permet de moudre le grain: **moulin**

Ils doivent donc trouver un moulin.

Pages 20–21

La route jusqu'au sommet de l'amphithéâtre est tracée en noir.

Pages 22-23

Pour décoder les lettres des ailes du moulin, écris l'alphabet puis remplace A par M, B par N, C par O, D par P et ainsi de suite jusqu'à la fin de l'alphabet.

Pour lire le message, décode d'abord les lettres de l'aile rouge, avance dans le sens des aiguilles d'une montre et arrête-toi à l'aile verte. Le reste ne veut rien dire.

Voici ce que dit le message:
Parmi les ruines loin du moulin j'ai laissé d'autres indices qui situent l'emplacement de la cité engloutie.

Pages 24–25

Julie a remarqué sur le sol des empreintes de pas qui sont identiques à celles du voleur aux pages 6 et 7.

Julie a également vu la loupe de Jean.

Pages 26–27

Ils peuvent attacher une des lianes aux rochers ici.

Puis ils peuvent descendre ces marches.

Le reste du chemin pour aller au bateau est tracé en noir.

Pages 28–29

Les autres morceaux de journal (dérobés par le voleur à la page 5) complètent les instructions de Da Silva indiquant l'emplacement de la cité engloutie.

Pour savoir où il faut plonger pour trouver la ville, tire un trait entre les différents points de repère mentionnés. Ils doivent plonger là où les deux lignes se croisent.

laissés auparavant. En revanche,
j'ai relevé un point fixe précis.
Plongez-y et une figure HEROIQUE
montrera le chemin.
Pour trouver ce lieu, allez tout
droit de la pointe la plus au
nord de notre île de base
vers celle la plus à l'est
de l'île boisée avec les deux

buttes. Lorsque le sommet du pic le
plus haut de l'île grise à bâbord

s'aligne avec celui du rocher
jaune à tribord, plongez.
J'ai enfermé une carte de ces
îles dans la malle portant mon
écu et ai rangé cette dernière dans
ma cabine à bord du Dauphin.

Ce morceau est en possession de Marc et Julie.

Il faut plonger ici pour arriver jusqu'à la cité engloutie.

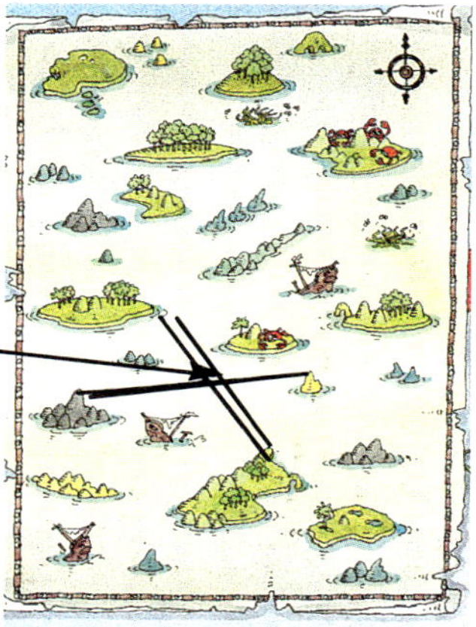

Pages 30–31

Les plans de Schwindler, que Marc a entrevus par le hublot à la page 28, prouvent qu'il a l'intention de piller la ville pour se faire de l'argent. Il a enfermé les plans dans un tiroir à la page 29, mais a laissé la clé dans la cabine. Pour avoir la preuve, ils doivent ouvrir le tiroir.

La clé

Pages 32–33

Voici la mine-ventouse avec tous les nombres inscrits correctement sur les boutons. Pour désamorcer la bombe, ils doivent appuyer sur le bouton numéro 13.

Pages 34–35

Voici la statue en entier.

Une fois assemblée, la statue indique la direction marquée par la flèche.

Pages 36–37

C'est là qu'est la Trésorerie.

Pages 38–39

Le tableau des signaux de Jean se trouve à la page 11. Voici ce que dit Jean.

Arrêter

Regarder

A gauche

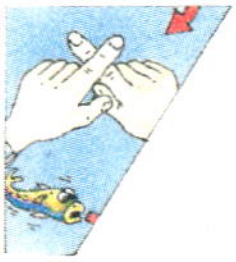

Danger

Me suivre

Pages 40–41

Julie aperçoit ce bâtiment à travers les algues.

Page 42

Jean a remarqué deux choses.

Les armoiries sur le trône sont celles du lion de Ramus, que l'on voit à la page 9. Mare Vellos partageait l'emblème avec Phabulos. La cité engloutie est donc bien Mare Vellos.

Le télescope portant l'écu de Da Silva prouve qu'il a effectivement découvert la ville.

Imprimé en Belgique.